# M. DE CAZES

ET

## M. LE VICOMTE DONNADIEU ;

Par CHARLES F.

PARIS,

Chez L'AUTEUR , quai de Voltaire ;
Au Palais-Royal, chez les Marchands de nouveautés;
Et rue Poupée, nº 7.

1819.

# M. DE CAZES

## ET

## M. DONNADIEU.

Un homme qui avait marqué dans le monde par l'élégance de ses manières, la vivacité et la justesse de son esprit, se montra tout à coup dans le gouvernement avec un talent supérieur comme homme d'état. Ministre du Roi en 1815, il marcha d'abord avec la *restauration*, mais quand, sous ce nom, des hommes de sang menacèrent la France d'un système oppressif, ce même ministre déjoua leurs projets, et il le fit, nous pouvons le dire, avec toute l'énergie d'une belle âme. Cette salutaire opposition arrêta la prétendue *restauration* devant la loi; mais l'aristocratie, l'implacable aristocratie cria bientôt à l'imprudence, à la trahison. Au nom du trône, elle accusa le ministre, mais le ministre, sourd à de vaines déclamations, marcha sur la ligne tracée par la justice aux acclamations de la France. Le roi même cédant à un mouvement de son cœur l'investit d'une haute confiance. Cet acte de la justice du souverain, souleva le parti des privilégiés..... Le règne de la charte commença à dater de ce moment..... Les ministres collègues de M. de Cazes ( car nous devons nommer ce ministre) furent remerciés, d'autres les remplacèrent ; mais comme le systême politique de ces MM., n'était encore que le systême précédent modifié, MM. les ministres furent encore une fois remerciés. Bientôt vinrent la retraite de M. de Richelieu, le renvoi de M. Laîné, puis l'élévation de M. de Cazes. En parvenant aux plus hautes fonctions de l'état, M. de Cazes ranima les espérances des amis de la liberté, car avec lui, on pouvait espérer du temps, son patriotisme était connu. Il voulait la liberté consacrée par la charte, la délivrance du territoire. Aussi, les honnêtes gens furent-ils pour lui, les *alliés et les privilégiés* contre lui.

Nous savons qu'on a bien déclamé en France contre les influences *ministérielles* en général. Cependant, à quoi nuissent-elles sous un gouvernement représentatif, où rien n'est absolu que la justice ? En lisant l'histoire, peut-être est-on encore de cet avis.

. Les ennemis de M. de Cazes peuvent se diviser en deux classes bien distinctes. Les *révolutionnaires* et les ci-devant *privilégiés ;* les premiers ne peuvent pardonner au ministre un caractère loyal, un esprit juste et souvent éloquent. M. de Cazes, et ils ont l'air de le dire, nous importune singulièrement à la tête de l'état, à la tribune nationale et jusque dans le monde, où ce ministre là ne peut se faire d'ennemis. Les mêmes soi-disant *libéraux*, dont on pourrait dire que toute la politique et tout l'esprit, est dans la défiance et le mensonge, le voient donc comme un homme dangereux, par cela seul qu'il est habile ; ils ont, ces bons libéraux, des peurs de vieilles femmes. Aussi ; quand ils acceptent armistice ou trêve avec le ministère, n'usent-ils envers M. de Cazes, que de ménagement, jamais de franchise ; ces messieurs sont toujours sur le *qui vive ;* un proverbe dit, et comme pour eux, il est vrai, *majorité* de sots ne suffit point (1). *Les ex-privilégiés,* moins consé-

_______________

(1) Demandez plutôt à MM. Etienne et Léon Thies-

quens, moins habiles que les libéraux, repoussent dédaigneusement dans M. de Cazes, l'idée de se ranger sous le pouvoir *illégitime* d'un homme nouveau. Imprudens par excès d'orgueil, ces mêmes privilégiés, attaquent avec violence, déclament avec fureur contre toutes les institutions et tous les pouvoirs; mais avec ce système, la nation reconnait les déclamateurs et les couvre de mépris. Oui la nation, car la nation, ce sont les amis de la liberté et de la charte, ce sont les ennemis de la plus ignoble démocratie, et de la plus insolente noblesse, ce sont ceux qui repoussaient, il y a peu de jours de l'urne électorale, et ce conventionnel fameux, qui du sein d'une assemblée de factieux et de tyrans, appela de ses vœux et de ses cris, le coup qui fit tomber la tête de Louis XVI; et ce soldat cruel, qui au nom d'un pouvoir réparateur, portait l'épouvante dans nos provinces; ce soldat qui voulait, que comme à la fortune, *les Cours Prévotales*, les exécutions militaires le menassent à la célébrité. Nous le répétons de nouveau, M. de Cazes n'est un objet de haîne pour deux partis,

______

sé, qui se chargent ordinairement de répondre pour eux.

que parce qu'il veut la liberté, compatible avec l'état monarchique ; que parce qu'il veut maintenir puissamment les lois de la charte que deux factions voudraient changer, chacune dans un sens tout à fait opposé à l'autre ; mais nous lui prédisons, que dans ce cas, il ne lui restera d'auxiliaires, que les amis de l'ordre et les esprits sages. Qu'il se rassure cependant, c'est avec ceux-là qu'il est glorieux de triompher, et ceux-là heureusement sont encore nombreux.

Sans doute des hommes de parti, désabusés de rèves ambitieux, devaient s'élever contre l'homme aimable, l'ami du prince, d'état, l'orateur éloquent, le protecteur éclairé des lettres. Cela se conçoit, d'après la marche ordinaire des passions ; sans doute aussi, la France se relevant du ravage des guerres ; la France remontant au rang des premières nations, la France florissant à l'ombre de la paix, du commerce, des lettres et des arts, sous un ministre dépositaire d'une partie de l'autorité royale, devait être le sujet (*parce que cela arrive sous le ministère de M. de Cazes*) du mépris des *nobles ultras* et de la rage des *libéraux jacobins*.

On nous dit tous les jours, que plusieurs

cours étrangères désapprouvent hautement les principes politiques de M. de Cazes. Nous le croyons bien, mais aussi ces cours-là sont précisément celles qui suspendent l'établissement de la liberté, au nom de la prudence et de quelques vieilles traditions de l'habitude et du despotisme. Une opposition de principes dans un ministre habile et puissant doit leur déplaire; nous en devrions louer franchement M. de Cazes; mais en France, tant de bien qu'il fasse, loue-t-on jamais un ministre?

Il y a plus, c'est au moment où le systême administratif de M. de Cazes atteint à d'heureux résultats, c'est au moment où les élections libres et comme affranchies d'intrigues annuelles, *dites ministérielles*, proclament (à quelques exceptions près) des noms français, de loyaux députés, qu'un soldat inconnu dans les camps, qu'un parvenu à la renommée, ose élever la voix et se constituer délateur. Voici comment : en accusant l'autorité qu'il trompa par ses rapports (1) l'autorité, dont il devança si cruellement la vengeance, l'auto-

_______________

(1) *Voyez* le rapport de M. de Montlivault sur l'insurrection et le nombre de rebelles.

rité contre laquelle son inhumanité soulevait les âmes généreuses !.... mais M. de Cazes qu'il dénonce en particulier, avec tant de violence, est jugé. Son imputation n'a pu l'atteindre par une raison simple, c'est qu'il est moralement impossible qu'un homme d'un caractère noble, de mœurs douces, ait pu seconder les exécutions, ou plutôt les boucheries d'un homme..... Nous croyons sur notre tête à cette supposition. Au reste, nous allons, retracer quelques-unes des circonstances qui appuient la marche et indiquer l'influence de M. de Cazes dans le ministère.

La France sortait d'une guerre de dévastation, un moment de calme régnait dans les provinces, mais ce calme était celui de la mort. La terreur était aux portes du palais habité par nos nouveaux princes. Tout à coup l'anarchie réveille ses haines et ses fureurs, soulève les passions et les anime au nom des intérêts du passé, au nom des crimes de la révolution !..... La réaction marche....; tout est menacé, tout est compromis; des tribunaux se forment de toutes parts; des hommes cruels vont y dominer pour un parti. Par suite de ce mouvement, on accuse pour avoir obéi aux lois, on exile pour avoir été fidèle à la patrie....., mais comme au jour où la liberté de Rome disparut devant les faisceaux d'Octave, il se fait un effrayant silence dans l'empire !.... Les citoyens abattus se taisent devant la loi qui opprime !.... Cambrone est jeté ignominieusement dans les fers pour avoir espéré du salut de la nation au moment du danger. Un grand nombre d'hommes généreux partage le même sort ; un grand nombre aussi succombe sur l'échafaud ; le reste abandonne furtivement la France, et va mendier l'hospitalité sur des terres étrangères ; l'exil coûte cher aux vrais français. Nous allons, disaient nos infortunés compatriotes chez des nations barbares, où l'esclavage est une habitude, la persécution un devoir. Nous allons supplier les pères de ceux qui dévastèrent la France, ceux-là mêmes que nous soumîmes tant de fois !....Nous ne les reverrons plus ces cités brillantes animées par un peuple aimable et industrieux. Nous ne retrouverons plus ailleurs ces sociétés où la beauté et les talens recevaient naguères un culte et des hommages. Exilés et pauvres, nous supporterions ce sort ; mais voir la France livrée à ses bourreaux et à ses ennemis, jamais !.... Hommes de la réaction de 1815, hommes de sang, voilà le langage que tenaient les martyrs de la France et de la liberté, mais vous n'y répondiez que par des cris mêlés d'une joie féroce. Ravisseurs des dépouilles de tant de malheureux, vous proclamiez lâchement la venue d'un nouveau règne. Vous préméditiez l'insurrection du midi, la terreur de Grenoble, vous imprimiez l'effroi même au gouvernement, le jour désiré par vous arriva. Une des plus riches contrées de la France, que vos machinations, vos persécutions, avaient soulevée, fut tout à coup environnée de baïonnettes, de haches, et décimée en vertu d'une délation supérieure. On nous dispensera de plus circonstancier ces divers événemens. La question de culpabilité de M. le général Donnadieu, tient trop intimément au plus beau chapitre de sa vie politique. Qu'on relise l'histoire de la réaction de 1815 ; là, une foule de faits se trouvent consignés et honorent *singulièrement* ce militaire.

Les hommes justes peuvent, il est vrai, demander comment le gouvernement du roi a pu employer de pareils individus! Comment, en présence même de l'étranger, n'a-t-il point dégradé, destitué ceux qui se jouaient si indignement de ses intentions et de celles du législateur immortel de la charte. Pourquoi

MM. Canuel, Donnadieu et tant d'autres reçurent-ils le prix d'une odieuse félonie ? Pourquoi des assassins en *chef* furent-ils nommés dérisoirement les sauveurs de la France ? c'est, dirons-nous, parce que la faction à laquelle tenaient ces hommes-là était encore puissante; c'est parce que tant de machinations n'étaient pas encore dévoilées, et que le ministère (ou au moins une partie) était trompé par des rapports faux, exagérés, et que la justification de l'innocent ne pouvait parvenir au pied du trône. Le ministère qu'on trompait à Paris, et qui put croire de bonne foi aux dangers de la monarchie, prit quelques mesures rigoureuses contre ceux que ses agens *désignaient coupables.* Qu'on le taxe d'incertitude, de mouvemens précipités, c'est peut-être ce qu'on dira de plus juste. Ici la tâche est aisée, c'est celle du public qui juge ordinairement d'une faute par son résultat. Certes, le ministère en fit une grave, en laissant en place des hommes tels que Canuel et Donnadieu; mais cela ne mérite point qu'on l'accuse de crimes innouis, qu'on dénonce le plus loyal des membres qui le composaient alors, d'actes, je le répète encore aussi étrangers à sa participation, qu'éloignés de son caractère. Rappelons-nous plutôt,

si nous sommes justes, que quand les machinations des agens de la *réaction*, sous le nom
de *restauration* furent dévoilées, le ministère
( c'était alors M. de Cazes ) fit éclater une
indignation qui l'honore. Rappelons-nous aussi
que la destitution de Canuel et Donnadieu fut
aussitôt prononcée aux acclamations de la
France sauvée. Cette mesure fut une des
premières, du ministère constitutionnel, du
ministère de M. de Cazes. On n'a point oublié
la belle conduite que tint dans cette circons-
tance M. le duc de Raguse à Lyon , ainsi que
la courageuse action de M. le colonel Fabvier,
qui (le premier) osa soulever le voile qui cou-
vrait tant d'iniquités et tant d'horreurs.

Le général Donnadieu, dans l'affaire de Grenoble, croit pouvoir se disculper de tout re-
proche, en donnant pour raison, qu'il n'a été
que l'instrument du pouvoir. Mais pour le
prouver, le général n'apporte aucun fait maté-
riel et positif. Il se targue, seulement et subti-
lement d'une prétendue réponse télégraphique
faite au nom du ministère qui ignorait la vé-
rité sur les événemens qui se passaient dans le
midi. Le général Donnadieu s'excuse en se donnant seulement pour homme *de main ou d'exé-
cution.* Sa conscience peut lui en dire plus que

nous à ce sujet, car la conspiration fut l'ou-
vrage des hommes soi-disant monarchiques.
M. Donnadieu par ce moyen, ne nous initie
point à sa politique, à ses combinaisons si ma-
chiavéliques à ce projet d'insurger pour avoir
à punir, à ce projet même de faire écraser la
France *constitutionnelle* par une main enne-
mie. Il ne nous instruit point des ramifications
qui eurent lieu entre les comités *réactifs et
insurrectionnels* de Paris, Lyon et Grenoble;
par quelle ruse, ou plutôt par quel art, le
ministère fut si cruellement abusé. Comment
il arracha l'ordre de punir qu'il interpréta
ensuite avec tant de férocité; il ne nous dit
point, en vertu de quel pouvoir son épée rem-
plaça un moment le glaive des lois. Pourquoi
sa fureur fut nommée *justice?* Pourquoi le
*tombereau* fut en permanence? c'était un bien
hideux spectacle, que celui d'un homme pré-
tendant aux honneurs par le sang, et qui dans
l'énivrement de la victoire et du crime, voulait que tout fléchît sous lui, que le citoyen
même s'agenouillât (1).

_______________

(1) On se rappelle que des stipendiés criaient,
quand Donnadieu passait dans les rues de Grenoble
à genoux, chapeau bas. *Le général Donnadieu va
passer.*

On a dit que M. le général Donnadieu était l'ami de M. de Châteaubriand. On se trompe; la belle âme du noble Pair, repousse trop une pareille amitié. M. de Châteaubriand, dira-t-on, est monarchique, oui, mais loyalement. Il voudrait que l'aristocratie se rétablît sur quelques-unes de ces bases, qui ont résisté au mouvement des siècles, comme quelques esprits éclairés. M. de Châteaubriand ne comprend point le gouvernement représentatif, sans une aristocratie forte et respectable; mais comme nous venons de le dire, l'illustre Pair, l'immortel écrivain a dans l'âme trop d'amour pour la patrie, trop d'horreur pour le crime, et le sang pour devenir jamais l'ami de MM. Canuel, Songis, Donnadieu, Sarrazin, Trestaillon, Pointu, Martanville ! etc.....

On nous accusera sans doute de *ministérialisme*, pour parler la langue des partis. Nous ne repousserons pas cette qualification, qui, réelle, honorerait sous le ministère actuel. Cependant, nous ne connaissons ni ne connaîtrons le ministre et le ministère.

FIN.